OUVRAGES

DE

GRAVURE EN MÉDAILLES

ET DE

SCULPTURE

CATALOGUE

PAR ORDRE CHRONOLOGIQUE

DES OUVRAGES

DE GRAVURE

ET

DE SCULPTURE

DE

J. ÉDOUARD GATTEAUX

MEMBRE DE L'INSTITUT (ACADÉMIE DES BEAUX-ARTS)

OFFICIER DE LA LÉGION D'HONNEUR, ETC.

ÉLÈVE DE SON PÈRE N. M. GATTEAUX, ET DE MOITTE

PARIS

IMPRIMERIE DE J. CLAYE

RUE SAINT-BENOIT

1875

OUVRAGES

DE

GRAVURE EN MÉDAILLES

ET DE

SCULPTURE

1807

Le Cardinal de Mazarin : Copie de la médaille de Varin.

Dimension : $0^{m},060$.
Détruite par l'incendie du 23 mai 1871.

1808

Virgile : Médaille. Tête, comme emblême de Mantoue.

Légende : *Virgilius Maro.*
Revers : une couronne murale et un cygne.
Légende : *Capitulation de Mantoue,* 30 janvier 1797.
Dimension : $0^{m},035$.
Commandé par Mr Denon.

1809

Buste d'homme, de grandeur naturelle, en costume du temps, première étude d'après nature.

Hauteur : $0^{m},40$.
Ce buste, reproduit plus tard en bronze, n'a été que faiblement atteint par l'incendie du 23 mai 1871.

Mars suivi de la Victoire : Médaille gravée en relief qui a obtenu le grand prix de gravure et la pension à Rome.

Reproduite en creux avec la légende : *Grand prix de gravure en médailles, remporté en 1809 par J.-E. Gatteaux.*
Dimension : 0m,075.

1810

Hercule Farnèse : Copie en poinçon sur acier, faite à Rome.

Dimension : 0m,060.
Détruit par l'incendie de 1871.

Moitte : Portrait de ce sculpteur qui venait de mourir, gravé en creux par son élève J.-E. Gatteaux.

Légende : *A la mémoire de J.-G. Moitte, statuaire, membre de l'Institut de France.*
Dimension : 0m,060.

Muse, d'après l'Antique, bas-relief en cire.

Dimension : 0m,150.

Mercure : Bas-relief en plâtre.

Hauteur : 1m,00.
Détruit par l'incendie de 1871.

1811

Moitte : Buste en marbre, exposé au Salon de 1814, à Paris.

Hauteur : 0m,45.

F. Boissellier : Portrait, bas-relief pour le tombeau élevé dans l'église Santa Maria del Popolo, à la mémoire de ce jeune peintre, pensionnaire de l'école de Rome, qui se noya dans le Tibre.

Hauteur : 0m,40.

Paris : Bas-relief en plâtre.

Hauteur : 1m,00.
Détruit par l'incendie de 1871.

Tête de Rome : Gravure en creux sur acier.

Dimension : 0m,035.
Détruit par l'incendie de 1871.

1812

L'EMPEREUR NAPOLÉON Ier DISTRIBUANT DES COURONNES : Médaille.

Revers : attributs des Beaux-Arts, entourant une tête de Minerve.
Légende : *École française des Beaux-Arts, rétablie et augmentée par Napoléon en 1803.*
Dimension : 0m,038.

NAPOLÉON et MARIE-LOUISE : Deux bustes de grandeur colossale en plâtre, pour une loge maçonnique.

Hauteur : 0m,80.

LA VERTU : Tête colossale en plâtre, pour la même loge maçonnique.

Hauteur : 0m,80.

BAIGNEUSE : Bas-relief en plâtre.

Hauteur : 1m,00.
Détruit par l'incendie de 1871.

THÉSÉE LEVANT LA PIERRE DEVANT SA MÈRE ETHRA : Bas-relief en terre, qui tomba et fut détruit.

Hauteur : 1m,50.
Gravé d'après un dessin de Mr Gatteaux.

Les événements de 1812 ayant réduit de cinq à trois ans le séjour des pensionnaires français à Rome, Mr Gatteaux resta six mois encore à ses frais en Italie et ne revint qu'au mois d'août 1813 à Paris.

1813

PHILIBERT DE L'ORME : Médaille, première dimension.

Légende : *Philibert de L'Orme, architecte français.*
Revers : une couronne.
Dimension : 0m,046.

1814

GRÉTRY : Jeton.

Légende : *Les Enfants d'Apollon à la mémoire de Grétry.*
Revers : *Il sçut chanter comme écrivait Molière.*
Dimension : 0m,035.

PHILIBERT DE L'ORME : Médaille de petite dimension pour le prix d'architecture de l'Institut.

Légende : *Philibert de L'Orme, architecte français.*
Dimension : $0^{m},035$.

1815

MONNAIES DE LOUIS XVIII : Pièces de cinq francs et de quarante francs.

Concours du 16 janvier.
Dimension : $0^{m},035$, et $0^{m},025$.

LOUIS XVIII : Médaillon.

Dimension : $0^{m},080$.

PIERRE PUGET : Médaille de petite dimension, pour le prix de sculpture de l'Institut.

Légende : *Pierre Puget, sculpteur français.*
Dimension : $0^{m},035$.

MALHERBE : Médaille.

Légende : *M Malherbe, né à Caen en 1555.*
Exergue : *La ville de Caen, 1815.*
Revers : une lyre et une couronne de lauriers.
Légende : *Enfin Malherbe vint.*
Dimension : $0^{m},040$.
Commandée par Mr. A. Lair, conseiller de préfecture à Caen.

LE COMTE D'ARTOIS : Médaille.

Légende : *Charles-Philippe de France, Monsieur, frère du Roi.*
Revers, Inscription : *Le Roi et la Patrie, la Patrie et le Roi, ils sont inséparables.*
Plus bas : *Discours de S. A. R. Monsieur, présidant le collége électoral du département de la Seine; session de 1815.*
Dimension : 0,060.

1816

JETON DES NOTAIRES D'AMIENS : La Justice assise.

Légende : *Leges et mores*, 1816.
Revers : les armes de France.
Légende : *Compagnie des notaires d'Amiens.*
Dimension : $0^{m},030$.

Ducis : Médaille.

Légende : *A Jean-François Ducis, né à Versailles en 1733.*
Revers, Inscription : *Accord d'un beau talent et d'un beau caractère. 1816.*
Dimension : 0m,040.
Commandée par la ville de Versailles.

Rameau : Médaille de petite dimension, pour le prix de musique de l'Institut.

Légende : *Jean Ph. Rameau, compositeur français.*
Revers : *Né à Dijon le 25 octobre 1683, mort le 27 septembre 1767.*
Dimension : 0m,035.

Pierre Corneille : Médaille pour la galerie métallique des grands hommes français, dont Mr Bérard avait organisé la collection.

Légende : *Pierre Corneille.*
Revers : *Né à Rouen en* M.DC.VI, *mort en* M.DC.LXXXIV.
Dimension : 0m,040.

Jean de La Fontaine : Médaille pour la galerie métallique.

Légende : *Jean de La Fontaine.*
Revers : *Né en* M.DC.XXI, *à Château-Thierry, mort en* M.DC.LXXXXV.
Dimension : 0m,040.

Jeton de l'Opéra : Tête du Roi.

Légende : *Louis XVIII, roi de France.*
Revers : figure d'Apollon.
Légende : *Académie royale de musique.*
Dimension : 0m,035.

1817

Montaigne : Médaille pour la galerie métallique.

Légende : *Michel de Montaigne.*
Revers : *Né à Montaigne en* M.D.XXXIII, *mort en* M.D.LXXXXII.
Dimension : 0m,040.

Buffon : Médaille pour la galerie métallique.

Légende : *G.-L. Leclerc de Buffon.*
Revers : *Né à Montbar en* M.DCC.VII, *mort en* M.DCC.LXXXVIII.
Dimension : 0m,040.

Cheval arabe : Revers d'une médaille anglaise.

Légende : *Arrival of the English army in Egypt.*
Dimension : 0m,040.
Commandé par Mr. Durand.

Le duc d'Enghien : Médaille.

Légende : *L. A. H. de Bourbon Condé, duc d'Enghien.*
Revers : un cheval harnaché.
Légende : *Periit Heros.*
Exergue : *Vincennæ* XXI *martis* M.DCCC.IV.
Dimension : 0m,040.
Commandé par Mr. Durand.

Jeton des Notaires d'Evreux : Tête du Roi.

Légende : *Louis XVIII, roi de France.*
Revers : Les armes de France.
Légende : *Chambre des Notaires d'Évreux.*
Dimension : 0m,030.

Jeton des Musées : Tête du Roi.

Légende : *Louis XVIII, roi de France.*
Dimension : 0m,035.
Le revers a été gravé par Gayrard.

Jeton de l'Académie Française : Tête du Roi.

Légende : *Louis XVIII, roi de France.*
Revers : une couronne entourant les mots : *Académie française.*
Légende : *Institut royal de France.*
Dimension : 0m,032.

Pierre Puget : Médaille pour la galerie métallique.

Légende : *Pierre Puget.*
Revers : *Né à Marseille en* M.DC.XXIII, *mort en* M.DC.XCIV.
Dimension : 0m,040.

Vincent de Paul : Tête pour le collier des Enfants trouvés.

Dimension : 0m,017.

Paix de 1814 : Figures des cinq souverains.

Légende : *Imperia legitima fœdere sancita.*
Exergue : XII *maj.* M.DCCC.XIV.
Sur l'autel : *Paci orbis.*
Dimension : 0m,050.

1818

Jeton de l'École des Beaux-Arts : Tête de Minerve.

Légende : *École royale des Beaux-Arts.*
Revers : une couronne entourant les mots : *Peinture, Sculpture, Architecture.*
Dimension : 0m,032.

RABELAIS : Médaille pour la galerie métallique.

Légende : *François Rabelais.*
Exergue : *Né à Chinon vers* M.CCCC.LXXXIII, *mort en* M.D.LIII.
Dimension : $0^{m},040$.

JETON DU HAVRE : Tête du ROI.

Légende : *Louis XVIII, roi de France.*
Revers : figure de Mercure.
Exergue : *Travaux du Havre. 1818.*
Dimension : $0^{m},035$.

HAYDN : Médaille.

Légende : *Josephus Haydn.*
Inscription : *Natus an.* M.D.CC.XXX. *Rorhau ad Viennam Austriæ, obiit an.* M.DCCC.IX.
Exergue : *Series numismatica universalis virorum illustrium. Durand edidit.*
Dimension : $0^{m},040$.

JETON AUX ARMES DE LA VILLE DE PARIS.

Dimension : $0^{m},033$.

LE COMTE D'ARTOIS : Médaille.

Légende : *Charles-Philippe de France, Monsieur, frère du Roi.*
Revers : une couronne de chêne et d'olivier ; au milieu : *S. A. R. Monsieur, frère du roi, visite la Monnaie des médailles, le 11 juin 1818.*
Dimension : $0^{m},050$.

MADAME DE STAEL : Médaille pour la galerie métallique.

Légende : *Anne E. Germ. Necker-Stael.*
Revers : *Née à Paris en* M.DCC.LXVI, *morte en* M.DCCC.XVII.
Dimension : $0^{m},040$.

1819

PHILIBERT DE L'ORME : Médaille pour la galerie métallique.

Légende : *Philibert de L'Orme.*
Revers : *Né à Lyon vers 1518, mort en 1577.*
Dimension : $0^{m},040$.

LA SAINTE-ALLIANCE : Médaille. Figures de l'Europe et de la France.

Légende : *Regnis Europæ concordia stabiliendis.*
Sur un bouclier : *Sacro fœdere junctæ, Gallia. Austria. Boruss. Anglia. Russia.*
Exergue : *Accessit Gallia. novemb.* M.DCCC.XV.
Dimension : $0^{m},050$.

Exécution en marbre des bas-reliefs de MERCURE et de la BAIGNEUSE, qui avaient été faits en plâtre à Rome en 1810.

Exposés au Salon de 1819.
Détruits par l'incendie de 1871.
Hauteur : $1^m,00$.

VARIN : Médaille de petite dimension pour le prix de gravure en médailles de l'Institut.

Dimension : $0^m,035$.

GATTEAUX Père : Buste en marbre.

Hauteur : $0^m,45$.
Exposé au Salon de 1819.
Détruit par l'incendie de 1871.

1820

MALHERBE : Jeton pour la ville de Caen.

Dimension :

VARIN : Médaille pour la galerie métallique.

Légende : *Jean Varin.*
Revers : *Né à Liége en* M.DC.IV, *mort en* M.DC.LXXII.
Dimension : $0^m,040$.

VINCENT DE PAUL : Médaille pour la galerie métallique.

Légende : *Vincent de Paul.*
Revers : *Né à Poix près Dax en* M.D.LXXVI, *mort en* M.DC.LX.
Dimension : $0^m,040$.

RABELAIS : Buste en marbre.

Hauteur : $0^m,75$.
Exposé au Salon de 1822.
Commandé pour la galerie de Versailles.

1821

RICHELIEU : Médaille pour la galerie métallique.

Légende : *Arm. J. du Plessis-Richelieu.*
Revers : *Né à Paris en* M.D.LXXXV, *mort en* M.DC.XLII.
Dimension : $0^m,040$.

INAUGURATION DU PONT DE BORDEAUX : Médaille. Une naïade et le pont.

Légende : *Garumna primum ad Burdigalam subacta.*
Exergue : *Ponte arcuum XVII imposito.* M.DCCC.XXI.
Dimension : 0m,050.

LES TROIS DÉPUTÉS DE LA VENDÉE : Médaille. Trois têtes superposées.

Légende : *Jacques-Antoine Manuel. — Philippe-René Esgonnière. — Henri-Aimé Perreau.*
Revers : une couronne de chêne et l'inscription : *Aux députés du département de la Vendée, élus en 1818, leurs commettants et amis. 1820.*
Dimension : 0m,060.

1822

MICHEL-ANGE : Buste en plâtre.

Hauteur : 0m,75.
Exposé en marbre au Salon de 1824.
Placé au musée du Louvre.

MIRABEAU : Médaille pour la galerie métallique.

Légende : *G.-H. Riquetti de Mirabeau.*
Revers : *Né à Bignon, près Nemours, en* M.DCC.XLIX, *mort en* M.DCC.XCI.
Dimension : 0m,040.

MONGE : Médaille pour la galerie métallique.

Légende : *Gaspard Monge.*
Revers : *Né à Beaune en* M.DCC.XLVI, *mort en* M.DCCC.XVIII.
Dimension : 0m,040.

MASSÉNA : Médaille pour la galerie métallique.

Légende : *André Masséna.*
Revers : *Né à Nice en* M.DCC.LVIII, *mort en* M.DCCC.XVII.
Dimension : 0m,040.

ZAMOISKI : Médaille pour la Pologne.

Légende : *Joannes Sarius Samoscius, defensor patriæ et scientiarum protector.*
Revers : couronnes de chêne et d'olivier enlacées avec ces mots : *utraq. civis.*
Légende : *Academiam Samoscii instituit* M.D.XCIV.
Inscription : *Scholis Samoscianis restitutis Scebressini.* M.DCCC.XXII.
Dimension : 0m,050.

JETON DU PALAIS DE JUSTICE : Tête du Roi.

Légende : *Louis XVIII, roi de France.*
Revers : la grande salle du palais.
Légende : *Restitution des voûtes souterraines du Palais de Justice.*
Exergue : *Le Cte de Chabrol. 1814.*
Dimension : 0m,032.

1823

Jeton de la Ville de Paris : Armes de la Ville de Paris.

Revers : le fleuve Seine et une ruche d'abeilles.
Légende : *Labor omnibus unus.*
Exergue : *Préfecture de la Seine.*
Dimension : 0m,033.

Edelinck : Médaille pour la galerie métallique.

Légende : *Gérard Edelinck.*
Revers : *Né à Anvers en* M.DC.XLVII, *mort en* M.DCC.VII.
Dimension : 0m,040.

Bourse et Tribunal de Commerce : La Ville de Paris, la Justice, Mercure.

Légende : *Alere fortunam tueri leges.*
Dimension : 0m,300.
Modèle en cire pour un concours.

Bervic, graveur en taille-douce, membre de l'Institut : Buste en plâtre.

Hauteur : 0m,45.
Exécuté en marbre en 1824.

1824

Petit (Ismérie), médecin : Buste en plâtre.

Hauteur : 0m,45.

Sébastien del Piombo : Buste en plâtre.

Hauteur : 0m,75.
Exposé en marbre au Salon de 1827.
Placé au musée du Louvre.

Jeton de la Société d'agriculture et de commerce de Caen.

Dimension :

L'abbé Barthélemy : Médaille pour la galerie métallique.

Légende : *Jean-Jacques Barthélemy.*
Revers : *Né en* M.DCC.XVI, *à Cassis, près Marseille, mort en* M.DCC.XCV.
Dimension : 0m,040.

CHARLES X : Médaille.

Légende : *Charles X, roi de France et de Navarre.*
Revers, Inscription : *En gagnant tous les cœurs, il les a tous unis. 1824.*
Dimension : $0^{m},050$.

MONNAIES DE CHARLES X : Pièces de 5 francs et de 40 francs.

Concours du 10 octobre.
Dimension : $0^{m},035$, et $0^{m},025$.

1825

SACRE DE CHARLES X : Quatre médailles.

Dimensions : $0^{m},075$, $0^{m},065$, $0^{m},060$, $0^{m},050$.
Portrait du roi en costume du sacre, la couronne en tête.
Légende : *Carolus X, rex christianissimus.*
Ces quatre portraits furent gravés en 45 jours.

LE PONT DE VAUCELLES, à Caen : Médaille du sacre de Charles X.

Revers : une inscription de vingt-deux lignes, ainsi conçue : *L'an 1825, le premier du règne de Charles X, le 21 juillet, la première pierre du* PONT DE VAUCELLES, *construit aux frais de l'État, du département du Calvados et de la ville de Caen, a été posée par M. le comte de Montlivault, conseiller d'État, gentilhomme de la chambre du Roi, préfet. Étaient présents : M. le comte L. d'Osseville, maire de Caen; M. Achard de Bonvouloir, président du Conseil-général du département.*

S. E. le comte de Villèle était président du conseil des ministres.

S. E. le comte de Corbiere était ministre de l'Intérieur.

Mr Becquey, conseiller d'État, était directeur général des ponts et chaussées et des mines.

Les projets et la direction des travaux ont été confiés au corps royal des ingénieurs des ponts et chaussées.

Dimension : $0^{m},075$.

CASSINI : Médaille pour la galerie métallique.

Légende : *J. Dominiq. Cassini.*
Revers : *Né en* M.DC.XXV, *à Perinaldo, près Nice, mort en* M.DCC.XII.
Dimension : $0^{m},040$.

DE LANNEAU : Médaille.

Légende : *Petr. Ant. Vict. De Lanneau, discipuli memores.* M.DCCC.XXV.
Revers : une couronne d'olivier.
Légende : *Quod bonarum litterarum disciplinas, infaustis temporibus abolitas, edocendæ juventuti, in pristina sede, feliciter restituit.* M.DCC.XC.VIII.
Dimension : $0^{m},050$.

1826

JETON D'ASSURANCE CONTRE L'INCENDIE DU DÉPARTEMENT DE L'ORNE : Une maison qui brûle.

Légende : *Sarciet æs mutuum cunctis leve et utile damna.*
Revers, Inscription : *Assurance mutuelle contre l'Incendie.*
Légende : *Calvados, Orne, Manche.*
Dimension : $0^{m},032$.

Mercure et la Fortune : Jeton de jeu.

Revers : deux cornes d'abondance et un caducée, entourés des cinquante-deux cartes.
Dimension : 0m,030.

Charles Dupaty : Médaille.

Légende : *Charles Mercier Dupaty, statuaire, membre de l'Institut.*
Revers, Inscription : *Ajax. Cadmus. Venus. Biblis. Louis XIII.*
Légende : *Né à Bordeaux en* M.DCC.LXXI, *mort à Paris en* M.DCCC.XXV.
Dimension : 0m,050.

Edelinck : Médaille de petite dimension pour le prix de gravure en taille-douce de l'Institut.

Légende : *Gérard Edelinck, graveur en taille douce.*
Dimension : 0m,035.

1827

Le chevalier d'Assas : Statue en bronze érigée dans la ville du Vigan (Gard).

Inscriptions sur le piédestal : *A moi, Auvergne, ce sont les ennemis.*
Tué à Clostercamp le 16 octobre 1760.
Hauteur : 2m,30.

Petite tête de Vierge, pour le collier des Enfants trouvés de la Havane.

Dimension : 0m,017.

1828

Triptolème : Statue en plâtre.

Exécutée en marbre et exposée au Salon de 1832.
Placée dans un des hémicycles du jardin des Tuileries en 1850.
Inscription : *Glandem mutavit arista.*
Hauteur : 1m,80.

1829

Louis XIII : Médaille. Têtes superposées de Charles X et de Louis XVIII.

Légende : *Carolus X. Ludovic. XVIII.*
Revers : statue équestre de Louis XIII, rétablie à la place Royale.
Légende : *Memoria Ludovici XIII. Instaurata.* M.DCCC.XXIX.
Dimension : 0m,050.

1830

Médaille à M. de Vatimesnil.

Inscription :
Dimension :

Jeton des Notaires de Louviers : Tête de Louis IX.

Légende : *Saint Louis, roi de France.*
Revers, Inscription : *Lud. Dei. Gratia. franc. Rex.*
Légende : *Notaires de l'arrondissement de Louviers.*
Dimension : 0^m,032.

Beethoven : Médaille.

Légende : *Louis van Beethoven.*
Revers : une lyre.
Légende : *Né le 17 décembre 1770 à Bonn, mort le 28 mars 1827.*
Dimension : 0^m,050.
Commandée par Mr. Launer, premier violon de l'Opéra.

Charles X : Voyage dans les départements de l'Est : Médaille. Tête du Roi.

Légende : *Carolus X. franc. et nav. rex.*
Revers : le roi à cheval accompagné de trois figures symboliques.
Légende : *Châlons — Metz — Colmar — Strasbourg — Mulhausen — Nancy — Troyes,* surmontées de couronnes murales.
Exergue : *Artes in Caroli X peregrinatione præmiis et laureis honestatæ.* M.DCCC.XXVIII.
Dimension : 0^m,050.

La Fayette : Médaille.

Légende : *1789. 1830.*
Revers : une couronne de chêne.
Inscription : *A La Fayette, l'arrondissement de Meaux. Juillet 1830.*
Dimension : 0^m,050.

1831

Louis-Philippe I : Médaille. Tête du Roi.

Légende : *Louis-Philippe Ier, roi des Français.*
Revers : une couronne de lauriers.
Dimension : 0^m,068.

1832

LE LIEUTENANT BISSON, mort en novembre 1827 : Statue en bronze, placée sur une colonne, sur la place d'Armes à Lorient.

Hauteur : 2m,30.

1833

ÉCOLE DES BEAUX-ARTS : Quatre médailles de différentes dimensions, d'après la composition d'Ingres.

La plus grande (dimension : 0m,070) offre trois figures : Architecture, Sculpture, Peinture.
Revers, Inscription : *Architecture. Grande médaille d'Émulation.*
Légende : *École royale des Beaux-Arts.*
Les trois autres, plus petites, mêmes figures.
Revers : même légende.
Inscription : *1re, 2e, 3e médailles.*
Dimensions : 0m,070, 0m,55, 0m,050, 0m,040.

PRISE DE LA CITADELLE D'ANVERS : Médaille. Tête du ROI.

Légende : *Louis-Philippe I, roi des Français.*
Revers : la France guerrière tenant un foudre et présentant une branche d'olivier.
Légende : *La France combat pour la paix.*
Exergue : *La citadelle d'Anvers prise en 25 jours. Décembre 1832.*
Dimension : 0m,050.

1835

MINERVE APRÈS LE JUGEMENT DE PARIS : Statue en plâtre.

Le bronze, exposé au Salon de 1839, est placé maintenant sous la coupole du musée du Luxembourg.
Hauteur : 2m,30.

1837

N. GATTEAUX : Médaille.

Légende : *Nicolas-Marie Gatteaux.*
Revers, Inscription : *A mon père, graveur de médailles, né à Paris en 1751, mort en 1832.*
Dimension : 0m,050.

1838

MARIAGE DU DUC D'ORLÉANS : Médaille. Tête du ROI couronné de chêne.

Légende : *Ludus Philippus I francorum rex.*
Revers : le prince et la princesse royale.
Légende : *Domestica felicitas, spes publica.*
Exergue : *Ferdinand. Philip. Lud. C. H. Dux Aurel. Helen. Lud. Elis. princ. Megalopol. Sacris nuptial. juncti.* M.DCCC.XXXVII.
Dimension : 0m,057.

1840

POMONE : Statue en plâtre :

Exécutée en marbre et exposée au Salon de 1844.
Placée en 1850 comme le *Triptolème* dans un des hémicycles du jardin des Tuileries.
Hauteur : 1m,80.

Reproduction en bronze des bustes de MICHEL-ANGE et SÉBASTIEN DEL PIOMBO.

1841

JETON DE L'ACADÉMIE FRANÇAISE. Tête du ROI.

Légende : *Louis-Philippe I, protecteur.*
Revers : couronne de laurier avec l'inscription : *Académie française.*
Légende : *Institut royal de France.*
Dimension : 0m,032.

1843

SEDAINE : Buste en marbre.

Hauteur : 0m,70.
Placé au foyer du Théâtre-Français.

POMONE : sans la guirlande. Statuette. Étude en bronze.

Hauteur : 0m,65.

FORTIFICATIONS DE PARIS : Médaille. Tête du ROI couronné de chêne.

Légende : *Ludov. Philippus I, francorum rex.*
Revers : trois figures : la France, Paris, un Ingénieur.
Légende : *Securitas publica.*
Exergue : *Lutetia munitionibus cincta.* M.DCCC.XLI.
Dimension : 0m,043.

1844

CORTOT : Médaille.

Légende : *Joann.-Petr. Cortot nat. Paris. 1787.*
Exergue : *E. Gatteaux, amicus cœl. et dedicat.*
Revers : statue de l'Immortalité. *J. P. Cortot, inv.*
Légende : *Immortalitatis compos idem et artifex.*
Dimension : 0m,050.

1846

ANNE DE BEAUJEU, *fille de Louis XI, régente de France* : Statue en marbre.

Placée dans le jardin du Luxembourg.
Hauteur : 2m,15.

1847

SULLY : Médaille.

Légende : *Max. de Béthune, duc de Sully.*
Revers : une couronne de chêne et cette inscription :
Né à Roson, 1559.
Secrétaire d'État, 1594.
Surintendant des Finances, 1598.
Grand maître de l'artillerie, 1599.
Duc et pair, 1606.
Maréchal de France, 1634.
Mort à Villebon, 1641.
Dimension : 0m,050.

1859

BERVIC : Reproduction en marbre du buste, fait en 1823.

Placé à l'Institut.

DESSINS, MÉDAILLONS, ETC.

A

Charles X : Dessin fait pour la médaille du Sacre dans une séance donnée par le Roi, le 15 mars 1825.

Placé au musée du Luxembourg.

B

Gatteaux (Nicolas-Marie), graveur de médailles du roi Louis XVI (1817).

Dessin détruit par l'incendie de 1871.

C

Madame Gatteaux (Louise-Rosalie), épouse de Mr N.-M. Gatteaux (1815).

Dessin.

D

Monsieur de Gardanne, médecin, gendre de Mr N.-M. Gatteaux.

Dessin.

E

Anfrye (Eugène), fils de J.-J. Anfrye, vérificateur général des essais des monnaies à Paris (1816).

Dessin.

F

Anfrye (Eugénie), fille de J.-J. Anfrye (1816).

Dessin.

G

Madame Gatteaux (Louise-Rosalie) (1843).

Dessin détruit par l'incendie de 1871.

H, I, J, K

Les quatre sœurs, cousines de Mr Gatteaux : Mme Dufresne (Rose), Mme Berson (Aglaé), Mme Ancelot (Caroline), Mme Voulaire (Émilie).

Portraits modelés en cire.

L

Monsieur Voulaire : Médaillon fondu sur la cire (1844).

M

Rainbach, graveur anglais : Médaillon en bronze, fait en 1830.

Dimension : 0m,11.

PUBLICATIONS

1850

Les Travaux d'Hercule, composition de *Nicolas Poussin* pour la décoration de la grande galerie du Louvre. Seconde partie publiée par J.-E. Gatteaux, graveur de médailles, membre de l'Institut de France, d'après les dessins qui font partie de son cabinet, gravé par A. Gelée, 1850.

La première partie contenant dix-neuf sujets a été gravée par J. Pesne en 1678.
Un volume in-folio maximo de 20 planches. Paris, 1850.

1858

Galerie de la Reine, dite de Diane, à Fontainebleau, peinte par Ambroise Dubois en MDC sous le règne de Henri IV, publiée par J.-E. Gatteaux et Victor Baltard, d'après les dessins de L.-P. Baltard et de C. Percier.

Paris. Un volume in-folio maximo de 15 planches et de 4 pages de texte. M.DCCC.LVIII.
Imprimerie de F. Chardon aîné.

1869

La Semaine : Dessins faits à Rome par I. Ingres en 1813 et donnés à E. Gatteaux, gravés par W. Haussoulier en 1869, détruits par l'incendie de 1871.

Paris. Un volume in-18 de 7 planches.

Lundi — Diane.	Jeudi — Jupiter.
Mardi — Mars.	Vendredi — Vénus.
Mercredi — Mercure.	Samedi — Saturne.

Dimanche — Apollon.

Les planches de tous ces ouvrages font partie de la chalcographie du Louvre.

PARIS. — J. CLAYE, IMPRIMEUR

7, RUE SAINT-BENOIT.

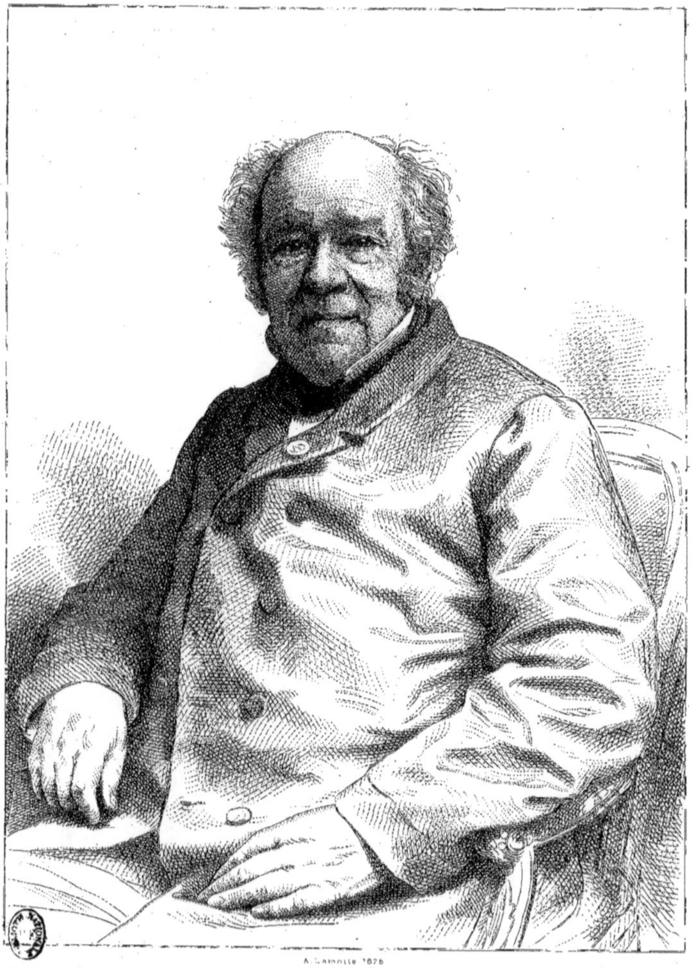

A. Lamotte 1875

J. E. CATTEAUX,

MEMBRE DE L'INSTITUT

Imp. Ch. Chardon aîné Paris

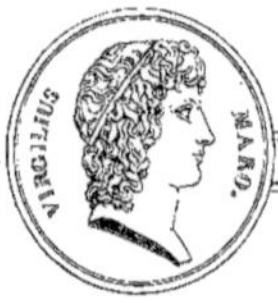

1808.

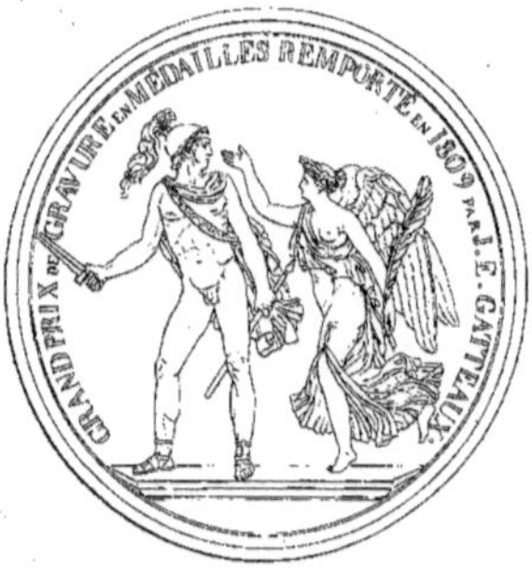

1809.

1808.

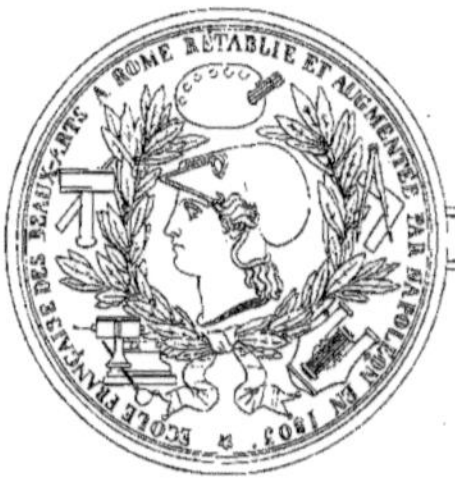

1812.

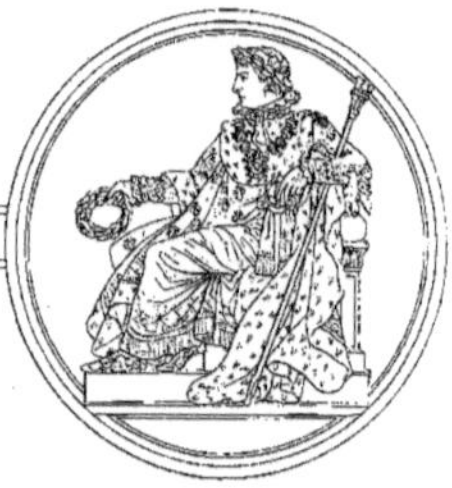

1812.

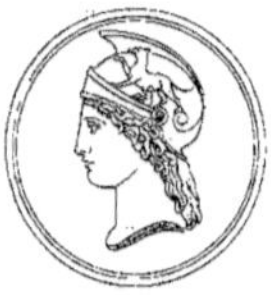

1812.

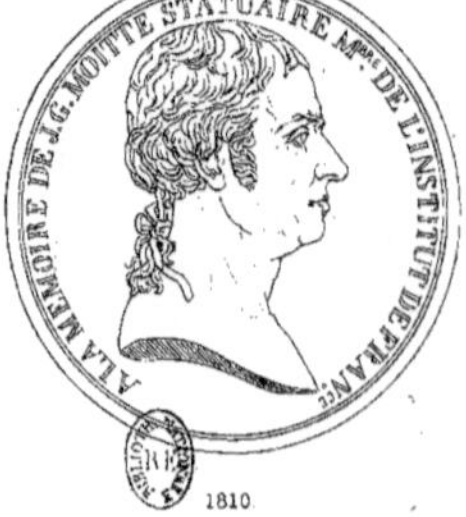

A LA MÉMOIRE DE J.G. MOITTE STATUAIRE Mbre DE L'INSTITUT DE FRANCE

1810.

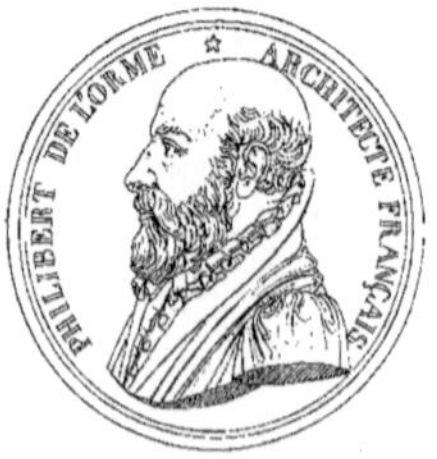

1813.

E. G.x

A. Lamotte sc.

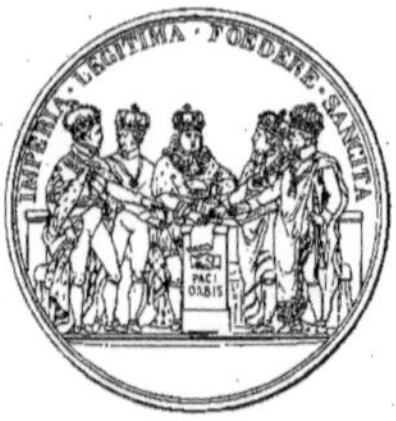

1817.

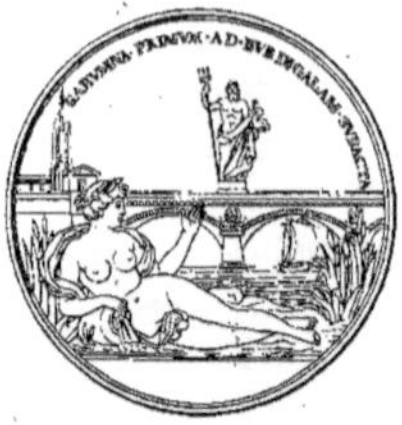

1821.

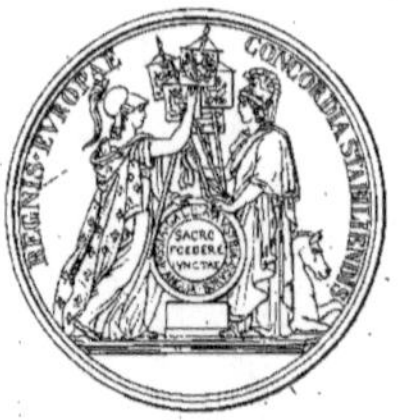

1819.

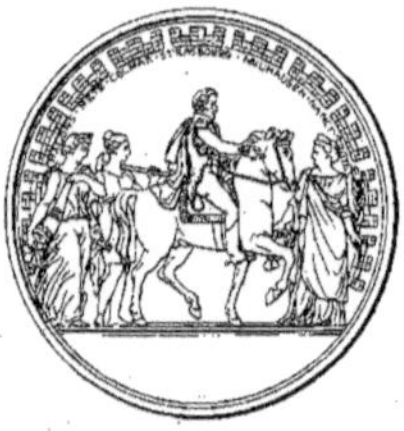

1830.

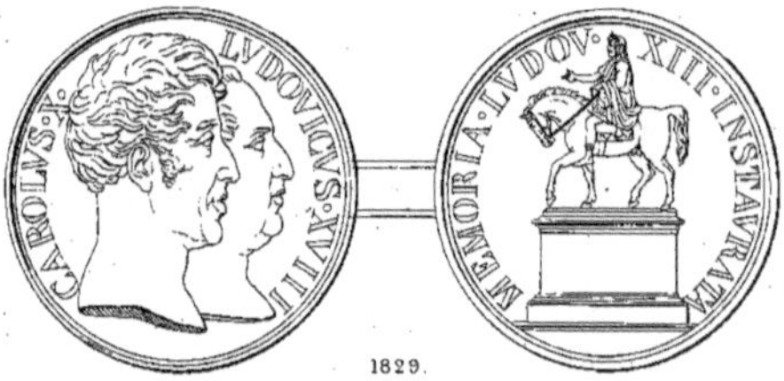

1829.

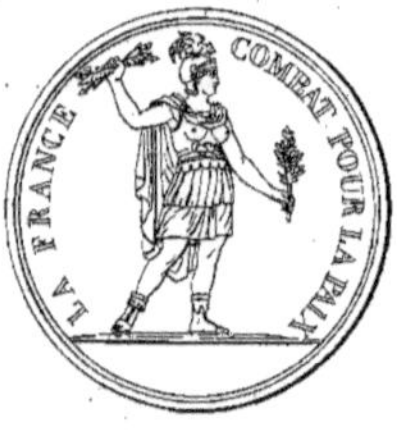

1833.

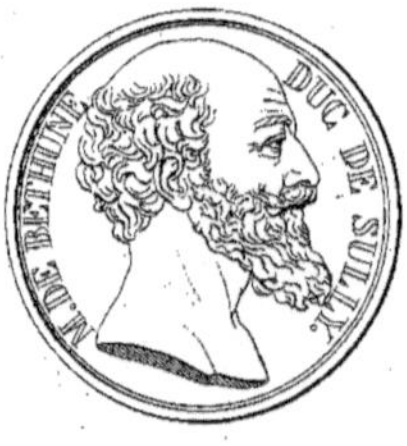

1847.

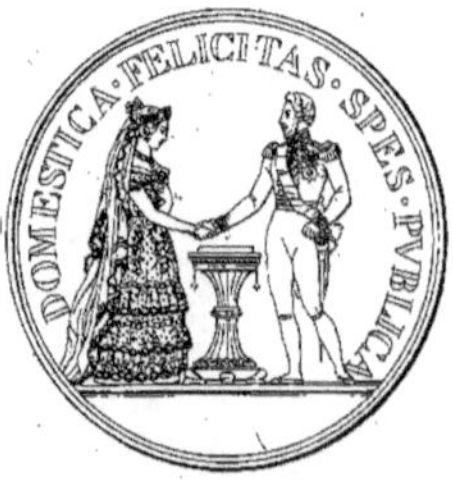

1838.

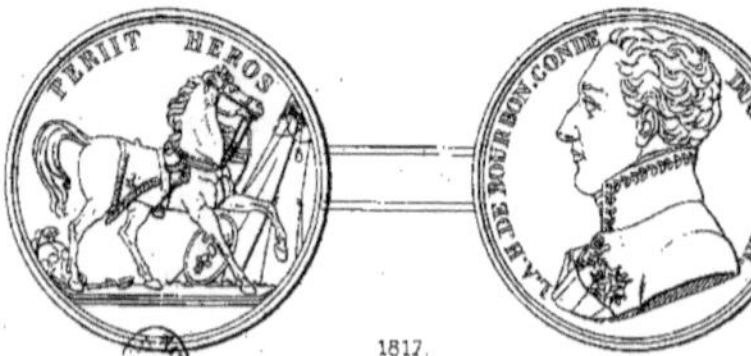

1817.

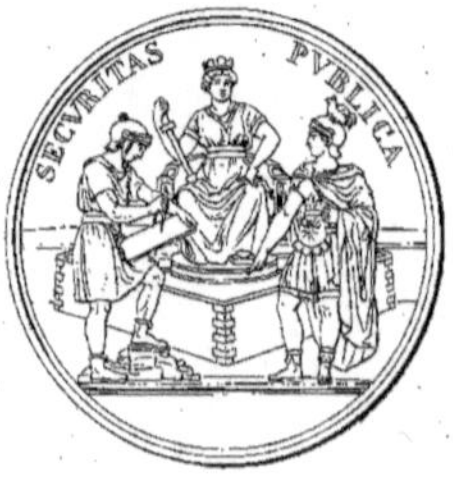

1843.

E. G. x.

A. Lamotte. sc.

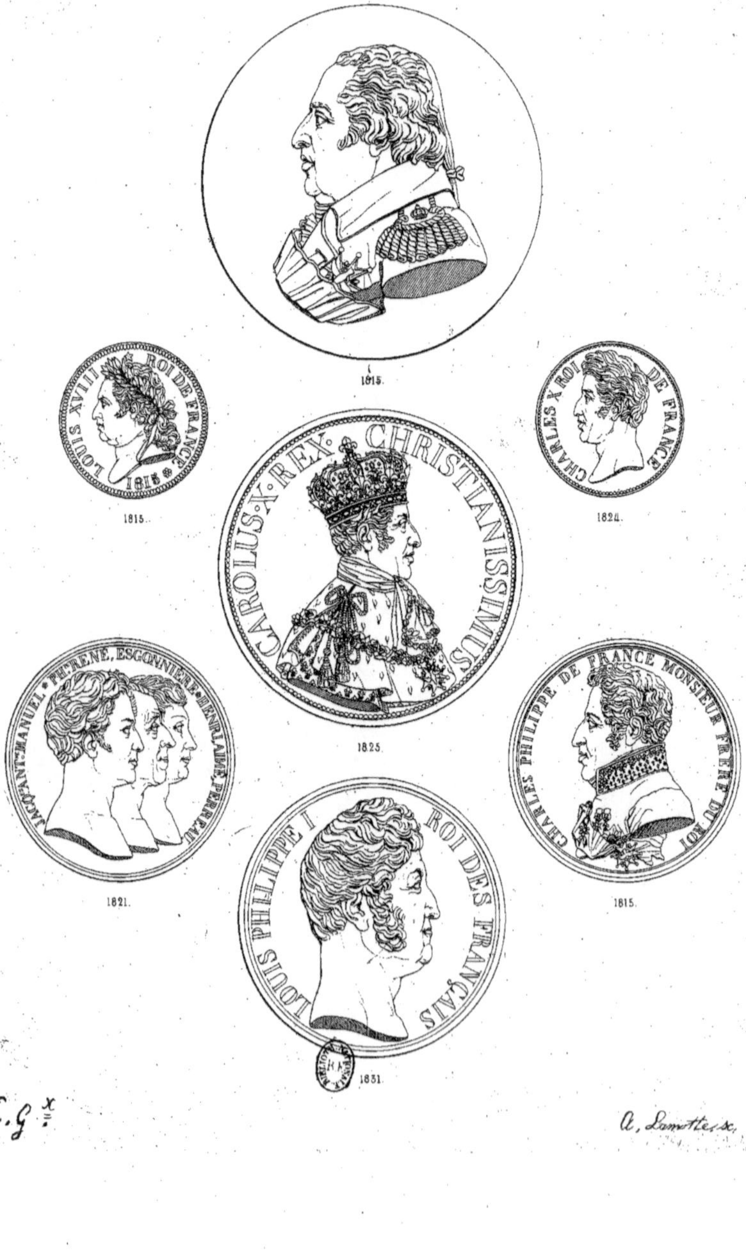

1815. 1815. 1824. 1825. 1821. 1815. 1831.

E. G. x.

A. Lamotte sc.

IV.

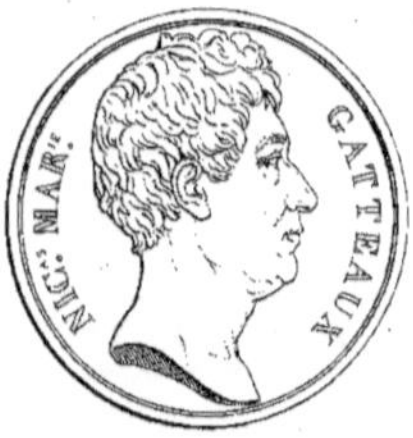

1837.

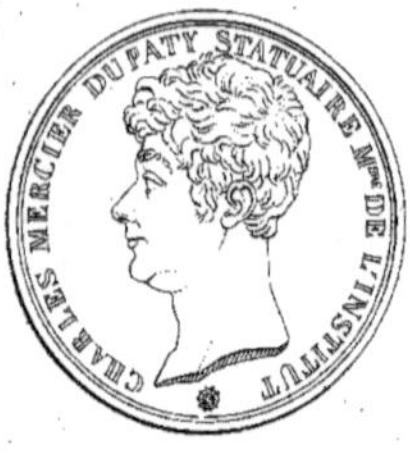

1826.

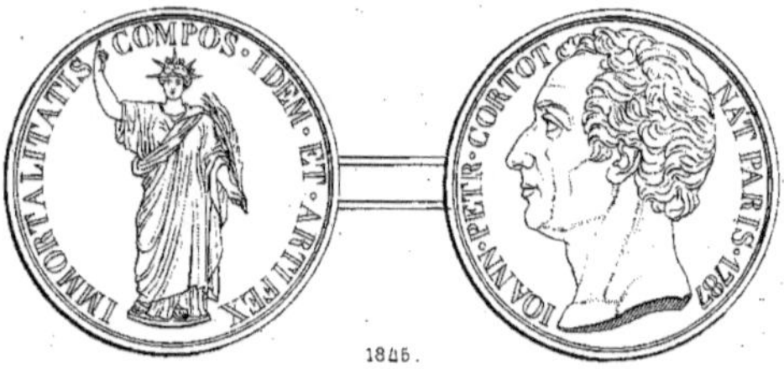

1845.

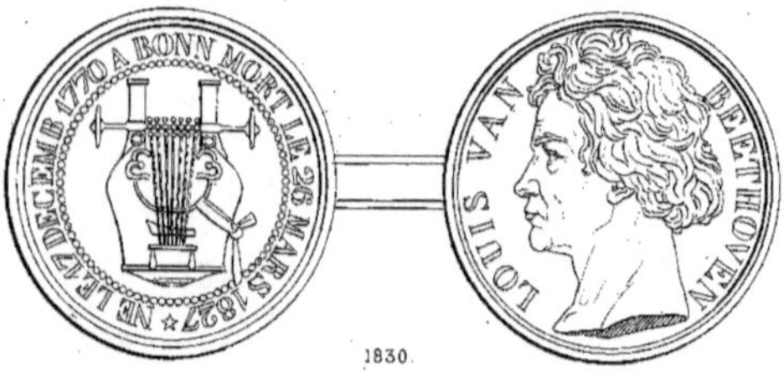

1830.

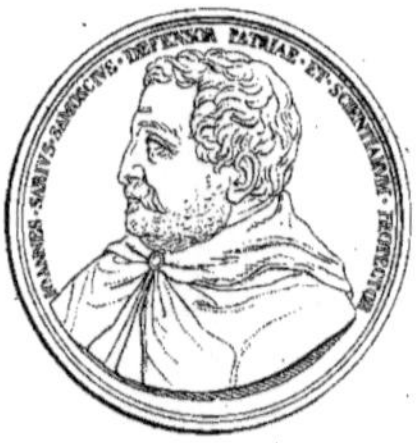

1822.

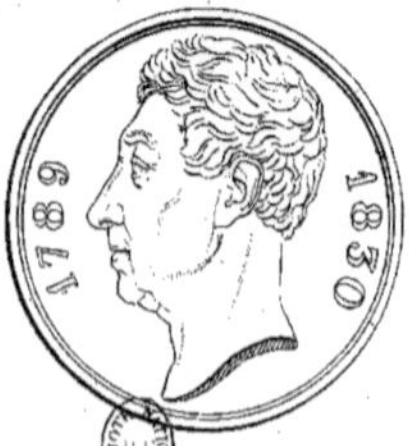

1830.

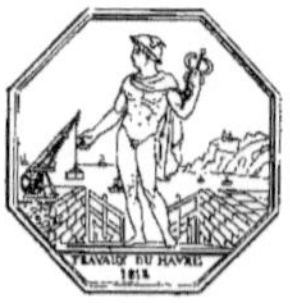

1818.

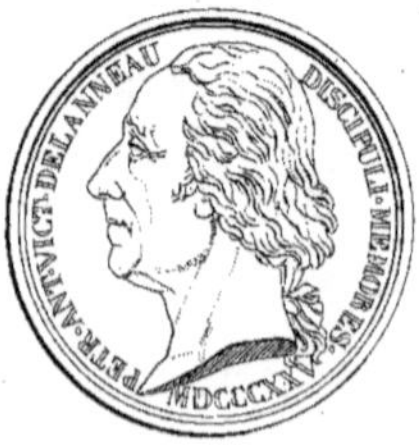

1825.

E. G.

A. Lamotte sc.

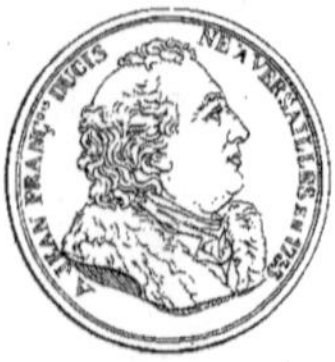

1816.

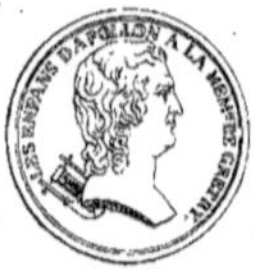

1814.

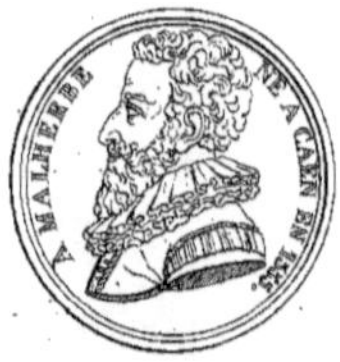

1815.

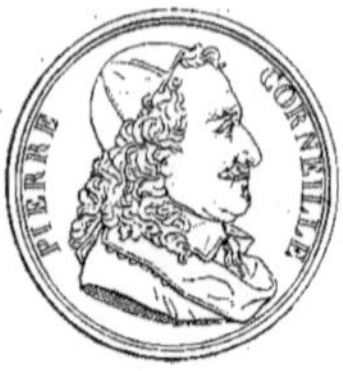

1816.

1816.

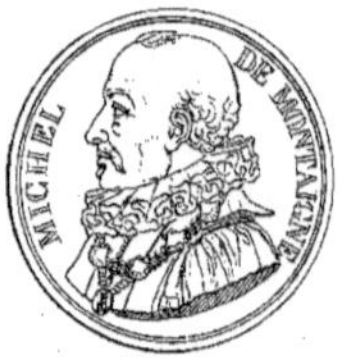

1817.

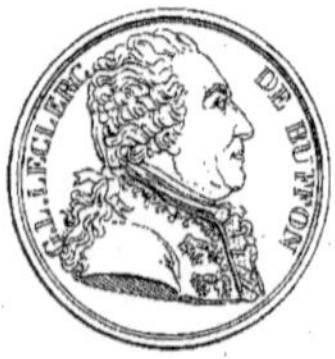

1817.

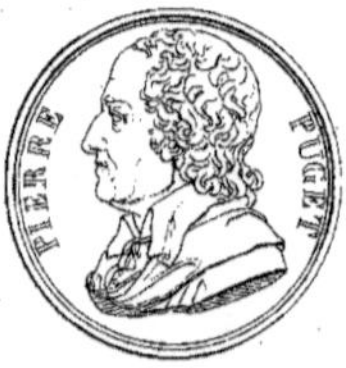

1817.

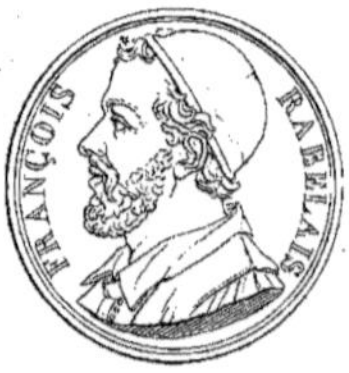

1818.

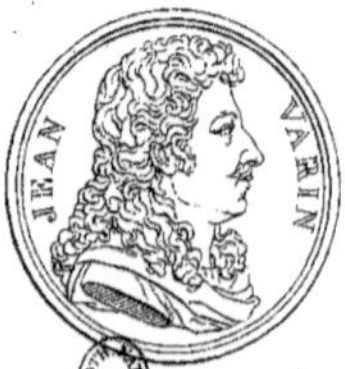

1820.

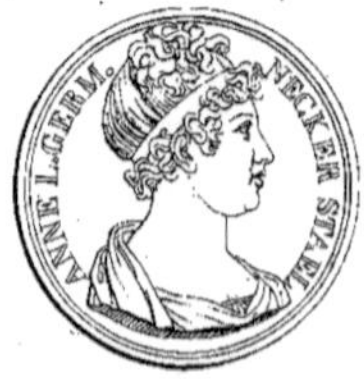

1818.

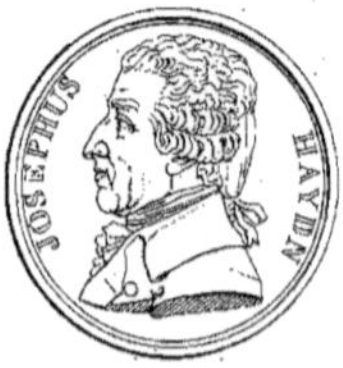

1818.

E. G.

A. Lamotte sc.

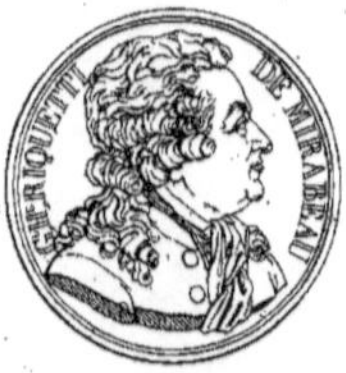

1822.

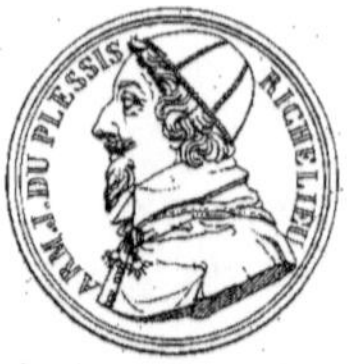

1821.

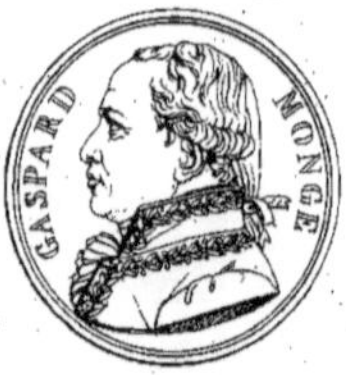

1822.

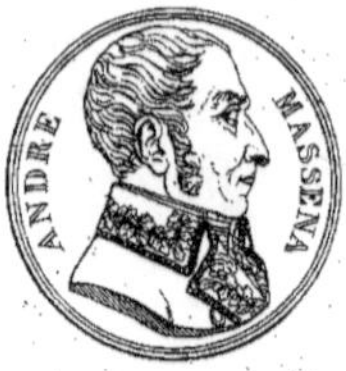

1822.

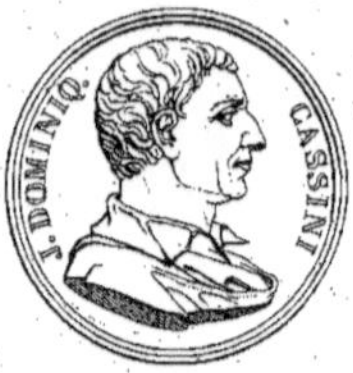

1825.

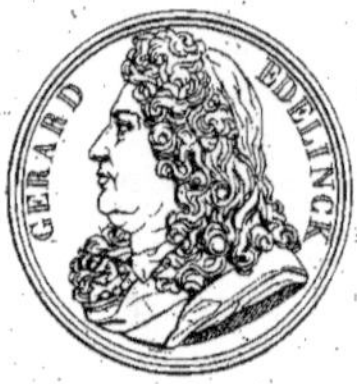

1823.

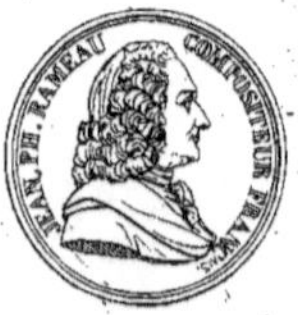

1816.

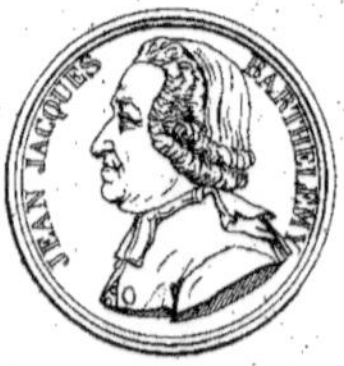

1824

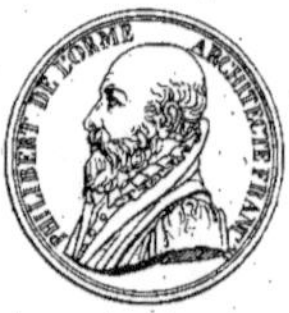

1814.

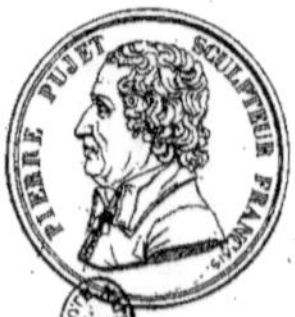

1815.

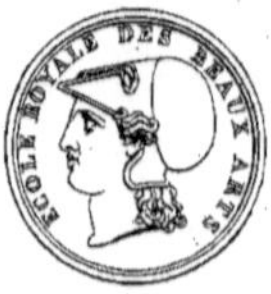

1818.

1826.

E. G. X

A. Lamotte sc.

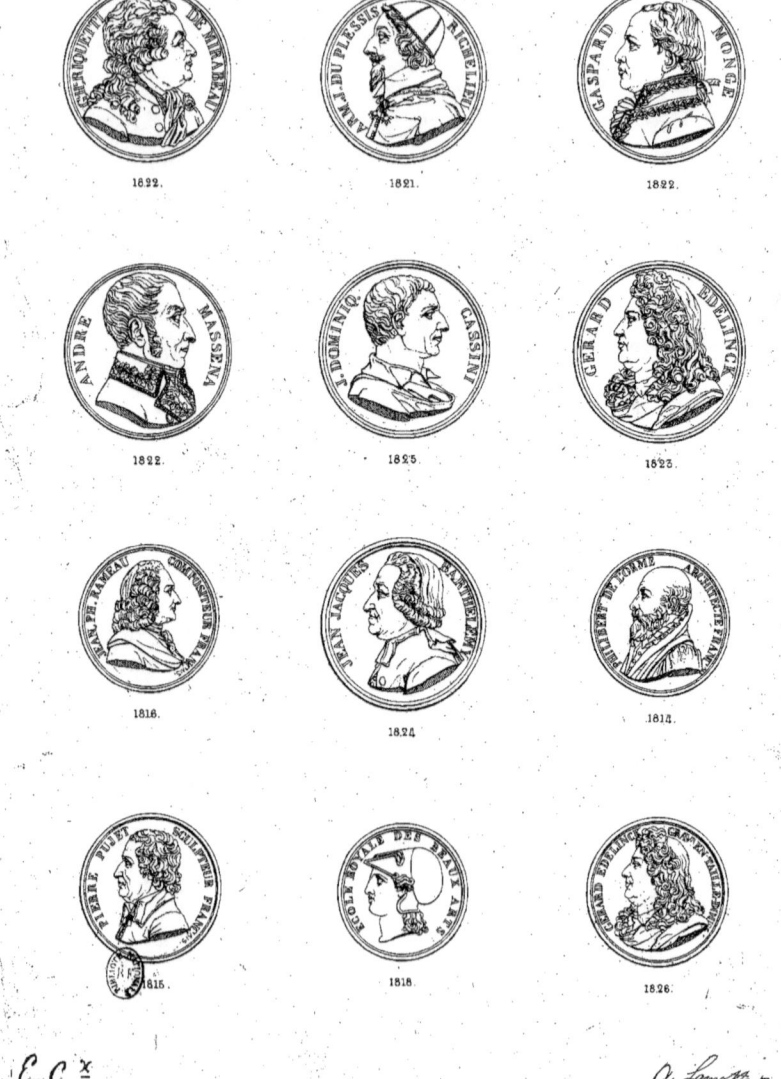

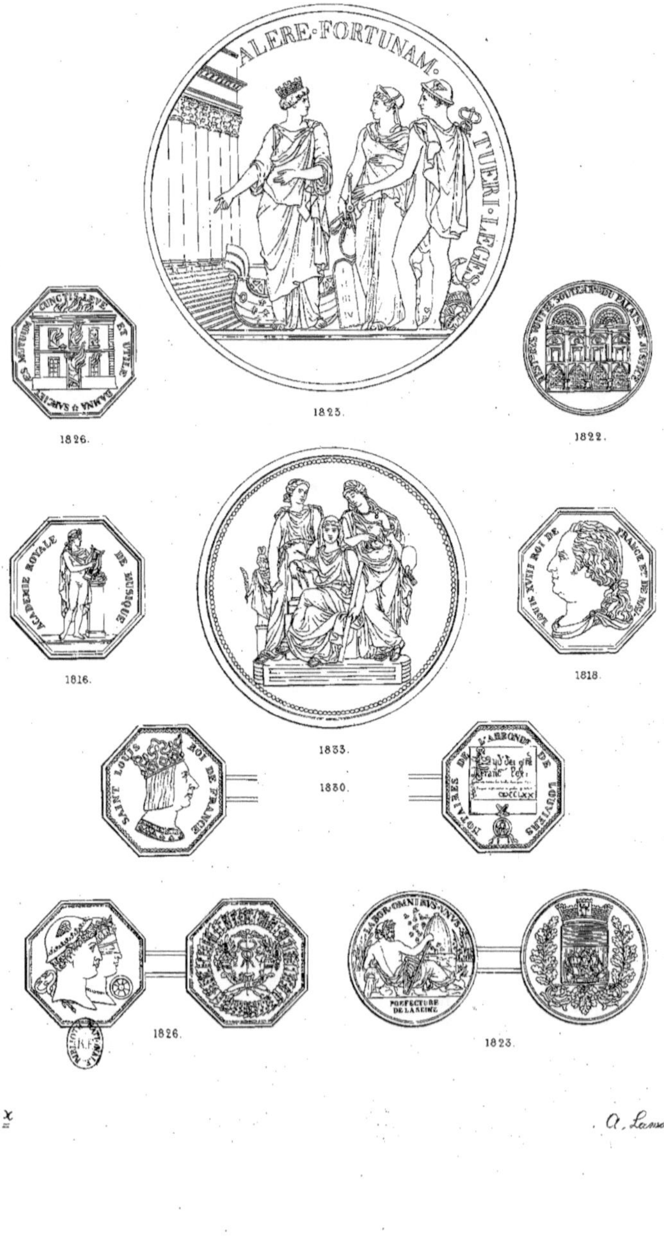

1826. 1823. 1822.

1816. 1833. 1818.

1830.

1826. 1823.

E. G.x

A. Lamotte, sc.

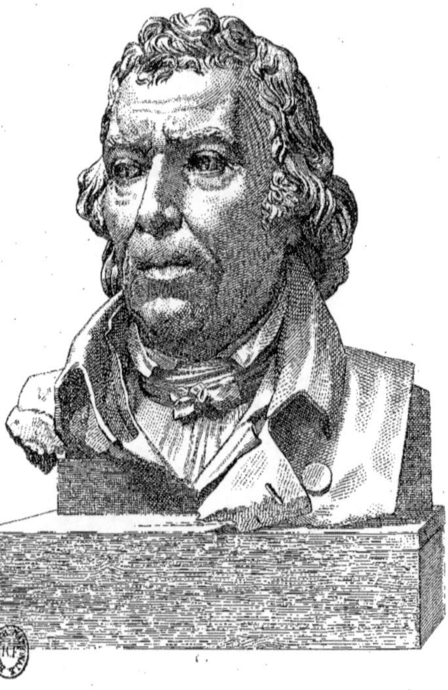

1ère ÉTUDE D'APRÈS NATURE.

E. G. 2 1809. A. Lamotte

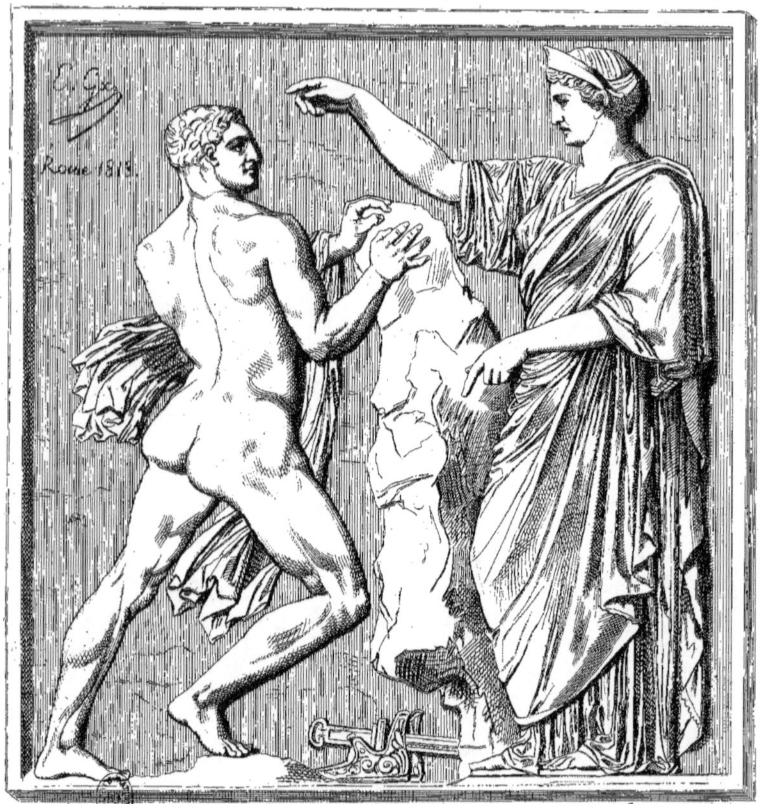

A. Lamotte, sculp.

THÉSÉE ET SA MÈRE ETHRA.

É. G.x 1813.

X.

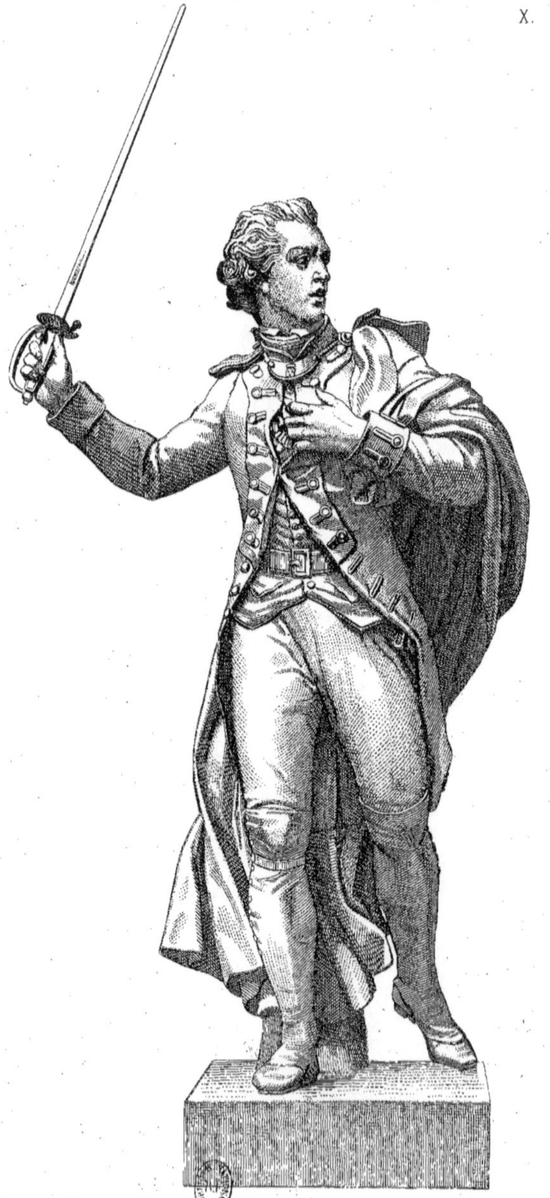

D'ASSAS.

A. Lamotte, sc

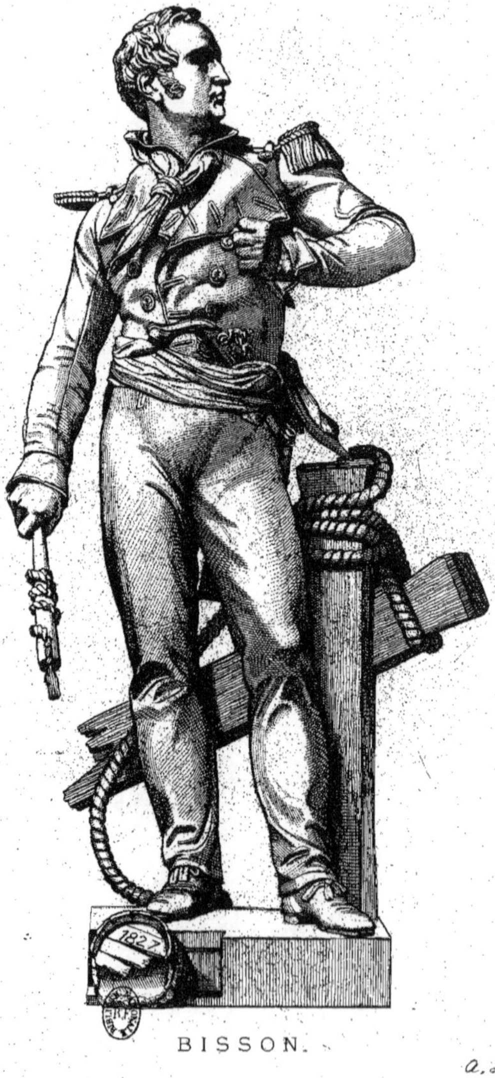

E. G.^x 1832.

BISSON.

A. Lamotte. sc.

XII.

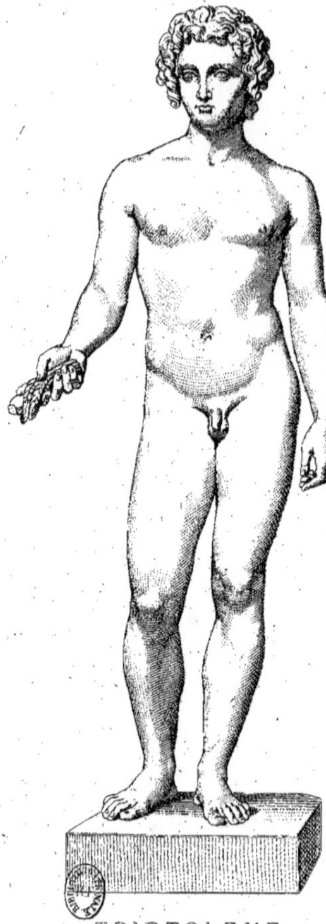

E. G.x 1831.

TRIPTOLEME.

A. Lamotte sc.

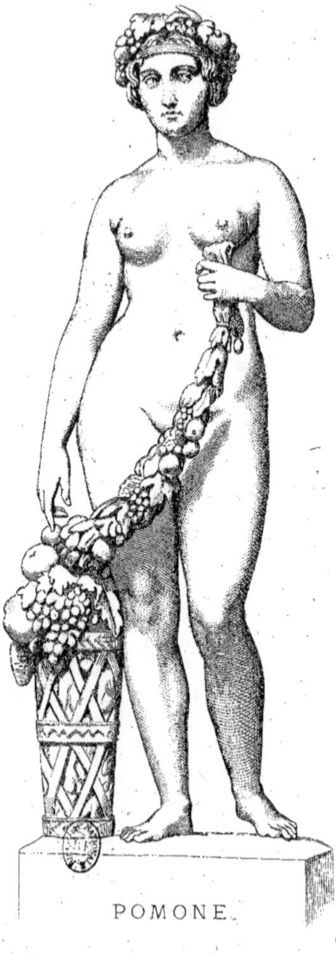

POMONE

E. Gx 1844. A. Lamotte. sc.

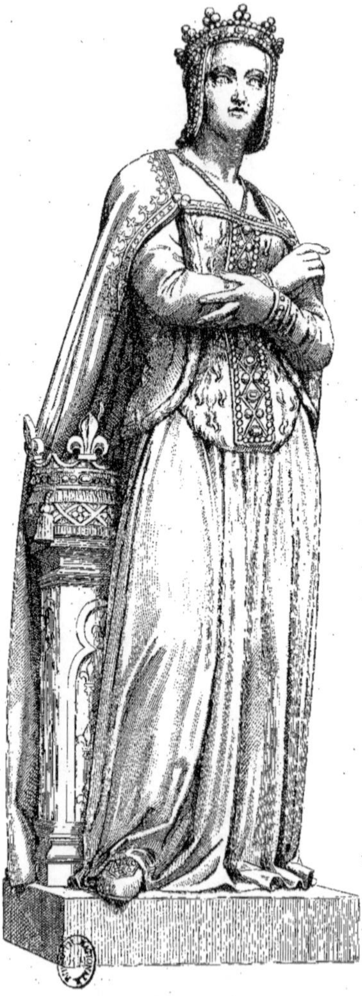

ANNE DE BEAUJEU.

E. G ^{x} 1841.

A. Lamotte sc.

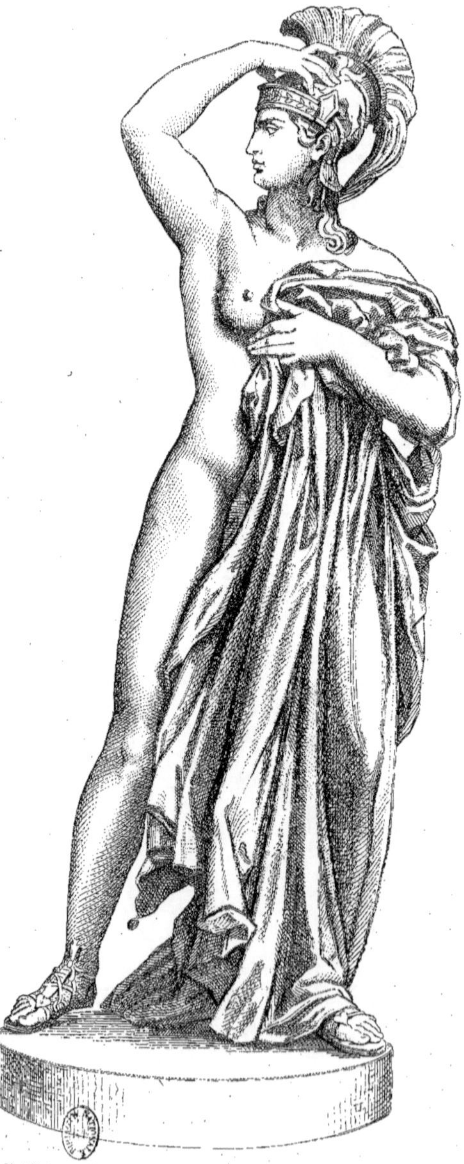

E. G. 1839. MINERVE. A. Lamothe sc.

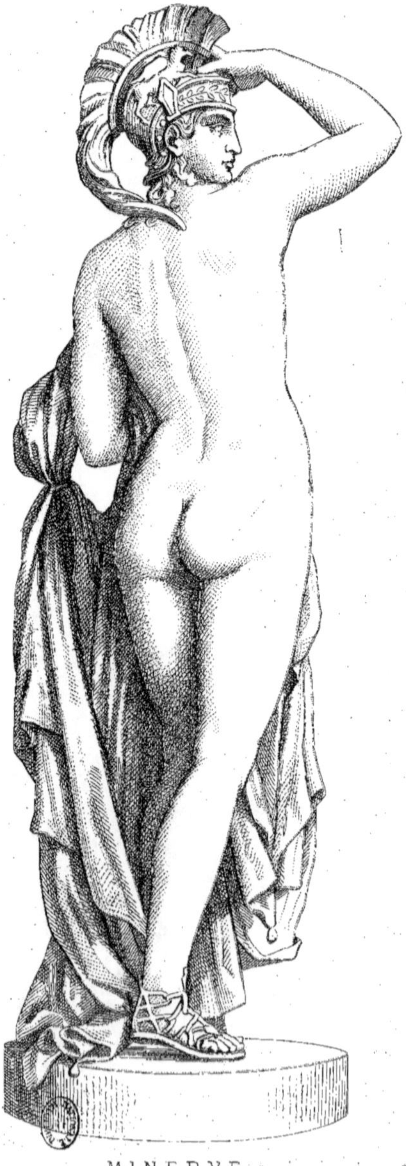

E. G^x, 1839. MINERVE. A. Lamotte. sc.

XVII.

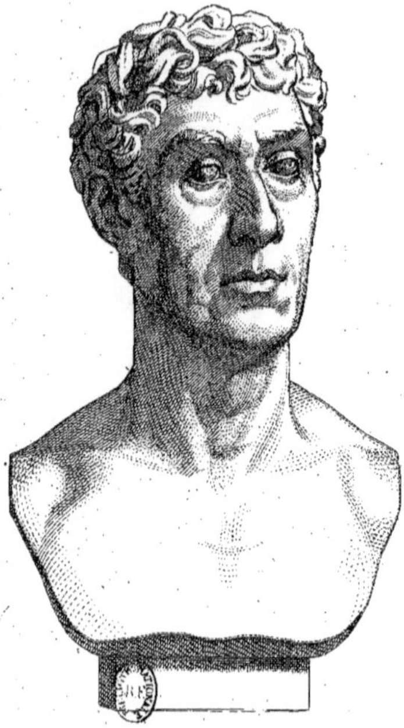

E. G. × 1819. NICOLAS GATTEAUX. A. Lamotte sc.

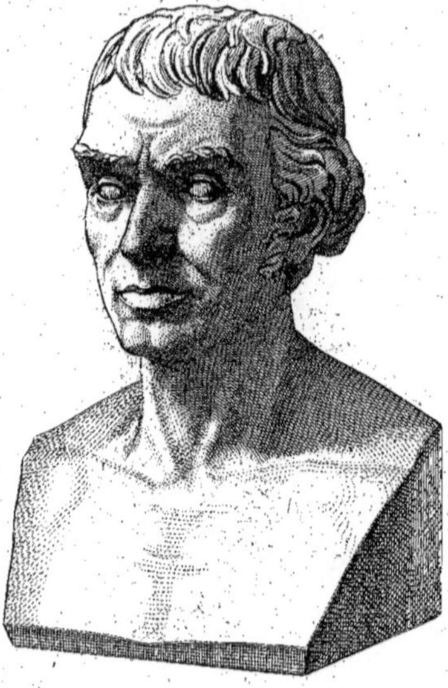

MOITTE.

S. G^x. 1811. *A. Lamotte. x.*

XIX.

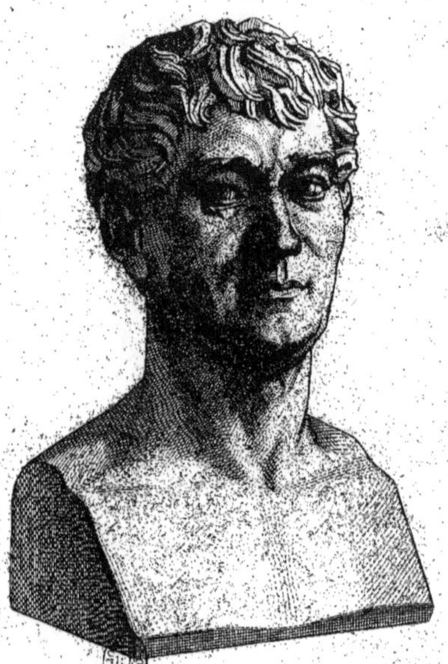

BERVIC.

A. Lamotte

XX.

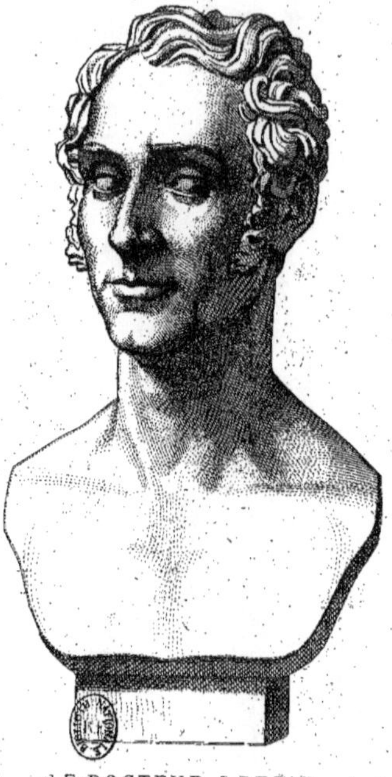

G.x 1824. LE DOCTEUR J. PETIT. Lamotte.

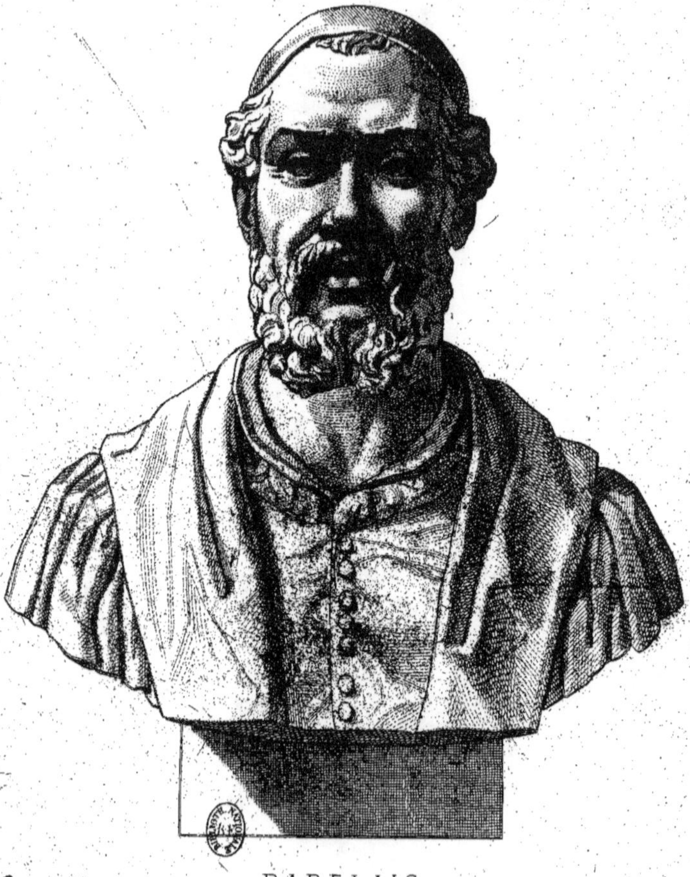

E. G. ^t 1820. RABELAIS. A. Lamotte sc.

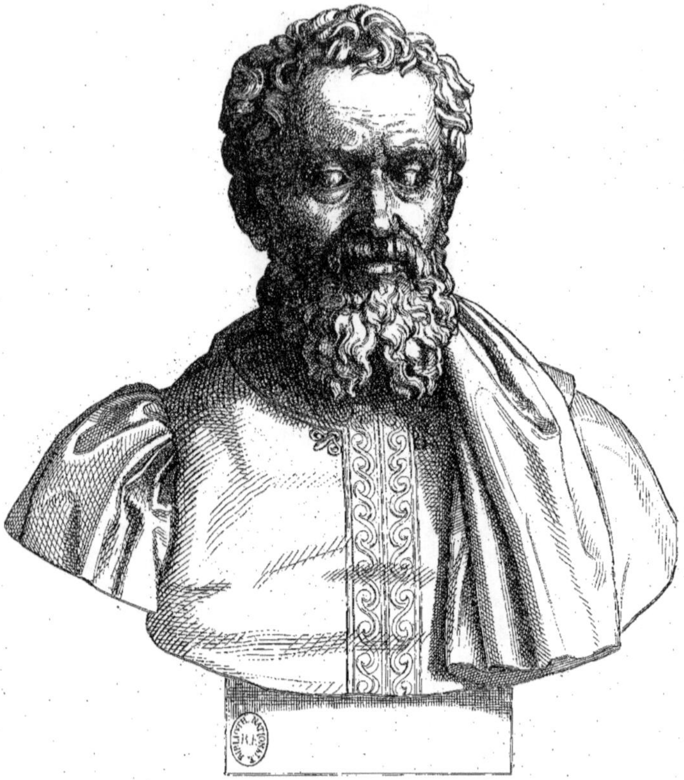

MICHEL-ANGE.

E. G. 1822. A. Lamotte sc.

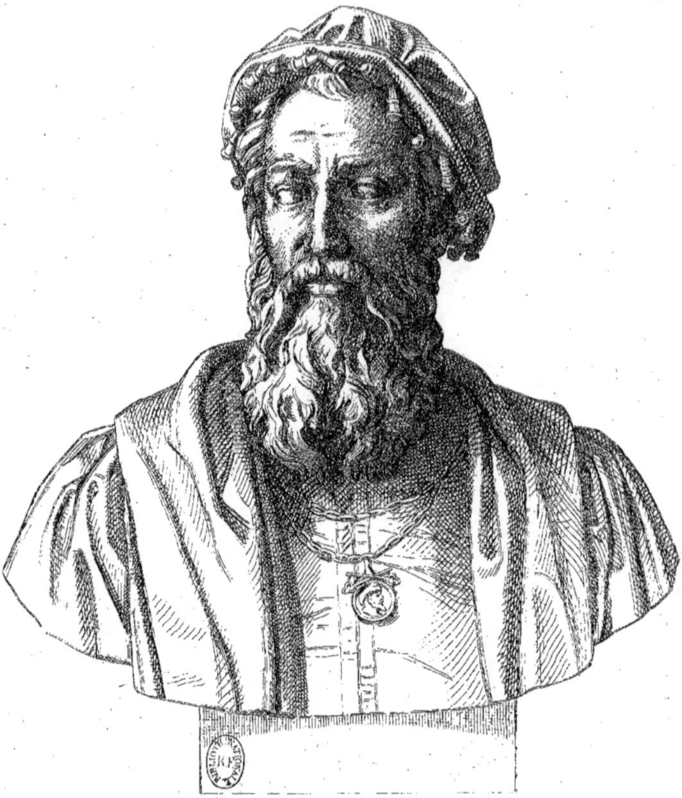

SEBASTIEN DEL PIOMBO.

A. Lemoine, sc.

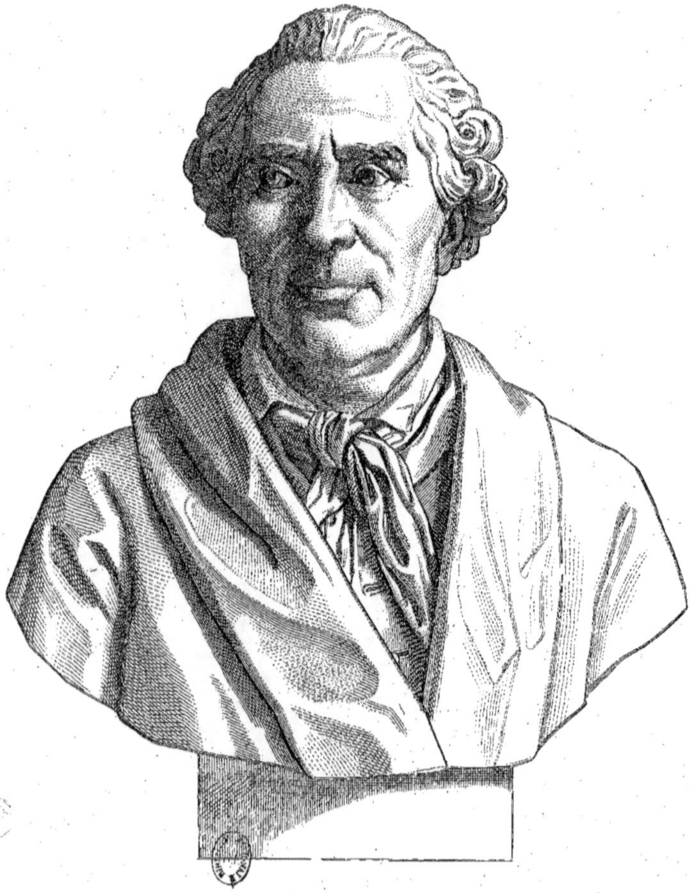

E. G. x 1843.

SEDAINE.

XXV.

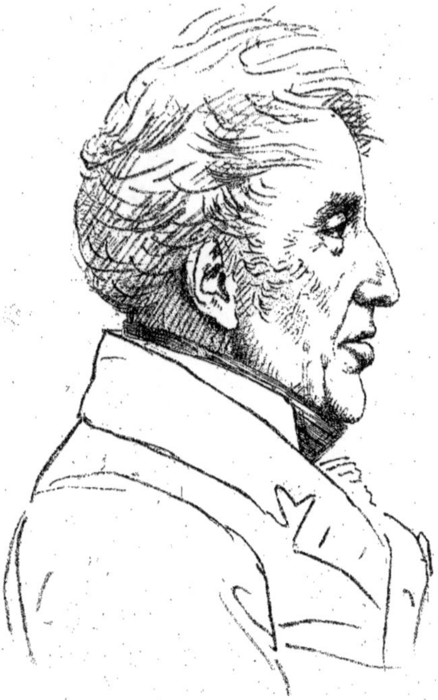

CHARLES X.　　A

15 mars 1825. E. G. x.　　A. Lamotte. sculp.

XXVI.

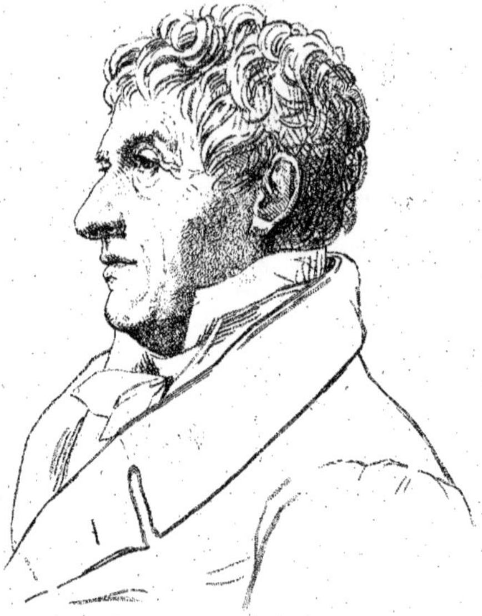

NICOLAS GATTEAUX. B.

E. G. 1817. A. Lamotte, sculp.

XXVII.

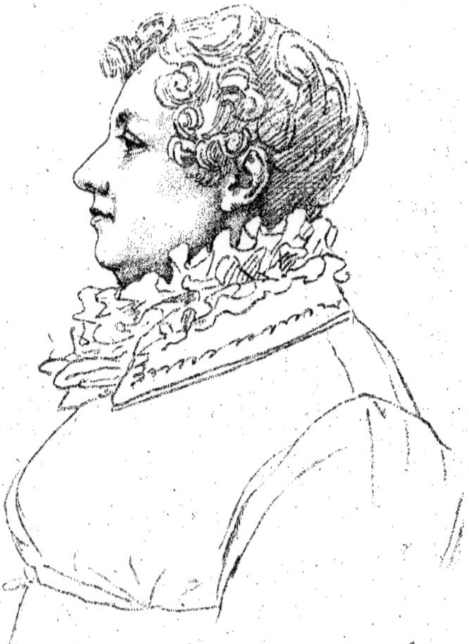

C.

E. G^{z}. 1815 Mme GATTEAUX. A. Lemoine, sc.

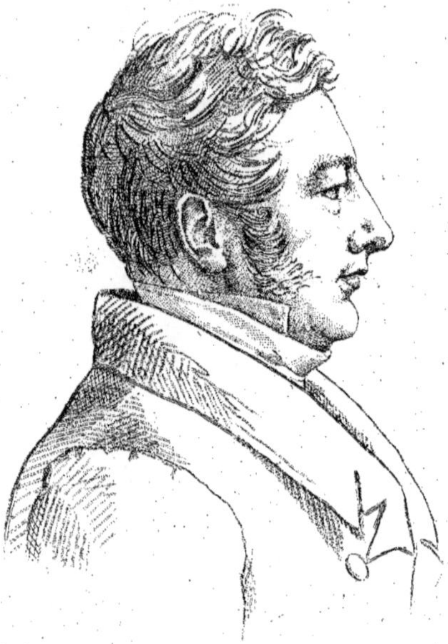

E. G. LE DOCTEUR DE GARDANNE. A. Lamotte

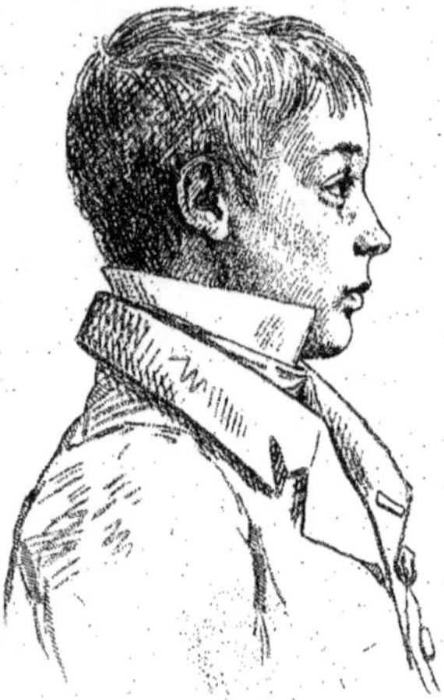

E.

E. G.te 1816 EUGÈNE ANFRYE. A. Lamotte sc.

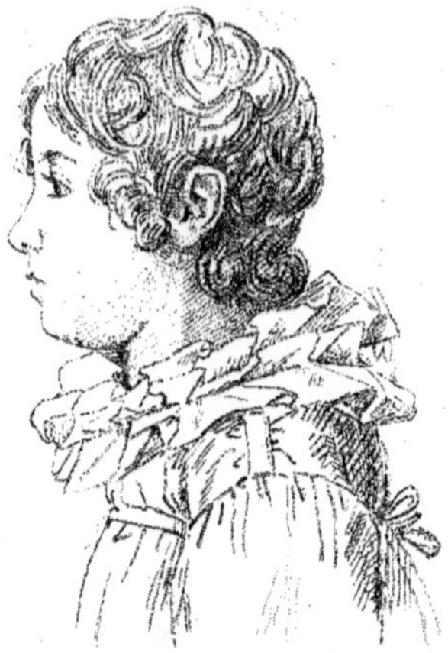

F. C. S.r 1816. EUGÉNIE ANFRYE. Lamotte. sc.

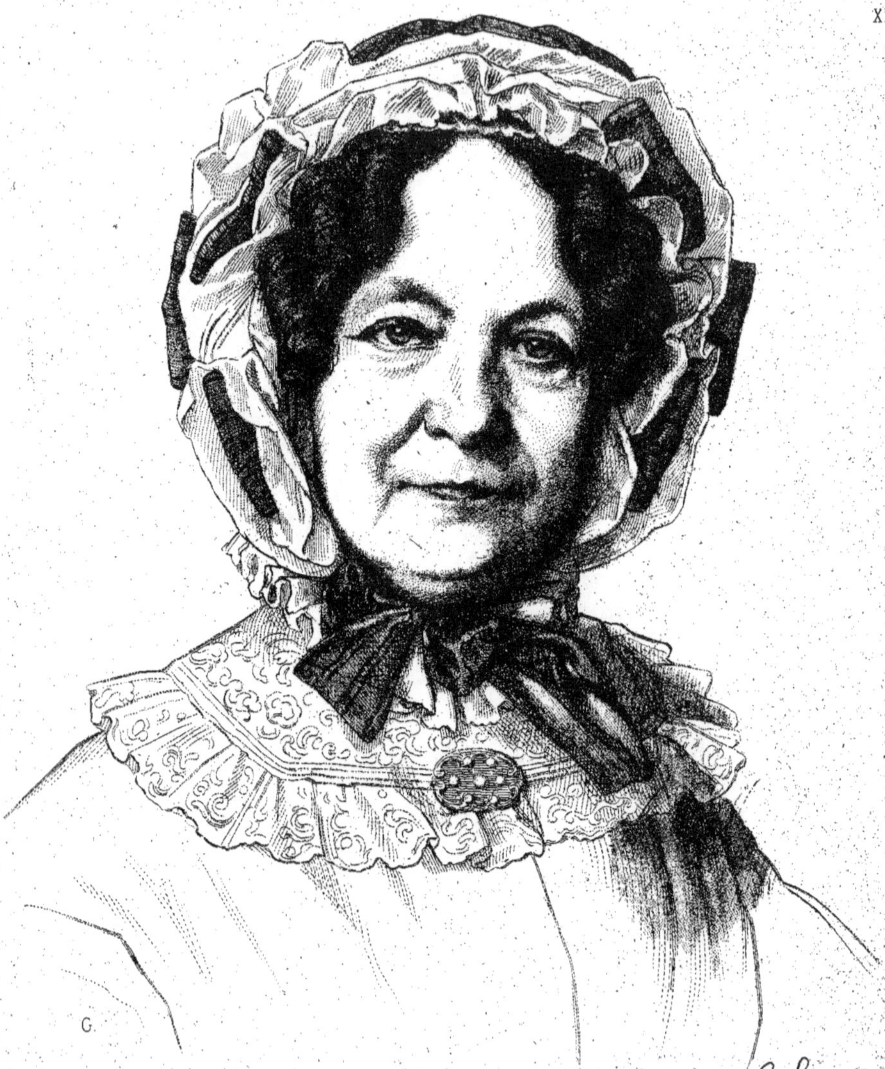

E. G^x 1843 — MME GATTEAUX — A. Lamotte. sc.

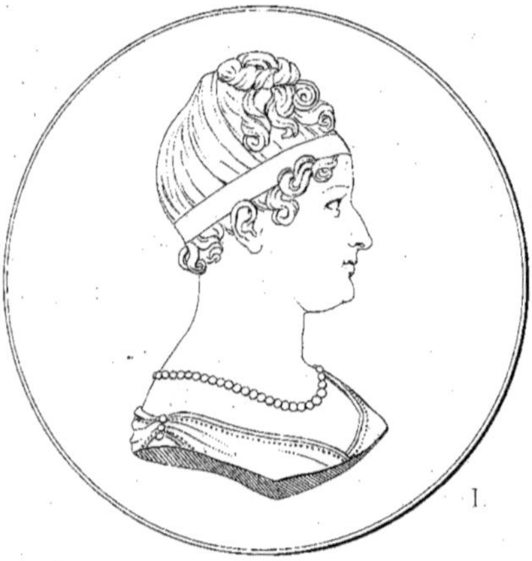

I.

Mme BERSON.

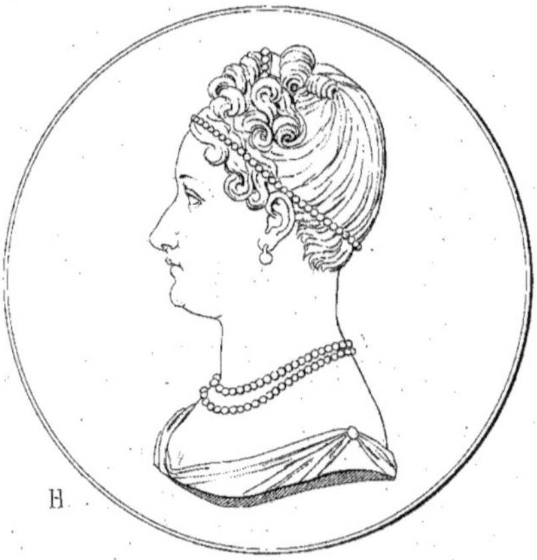

H.

Mme DUFRESNE.

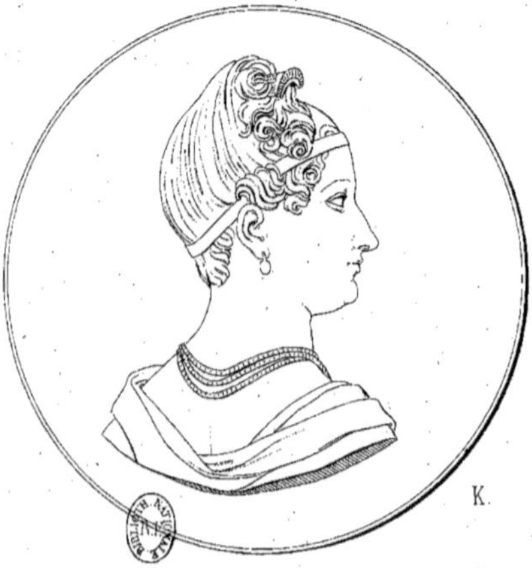

K.

Mme VOULAIRE.

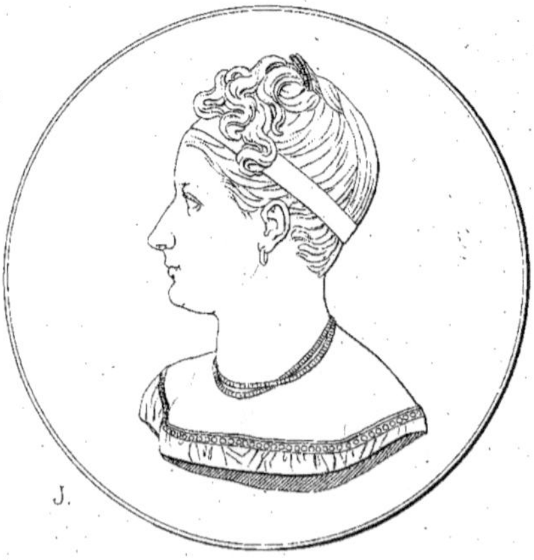

J.

Mme ANCELOT.

LES QUATRE SŒURS MES COUSINES.

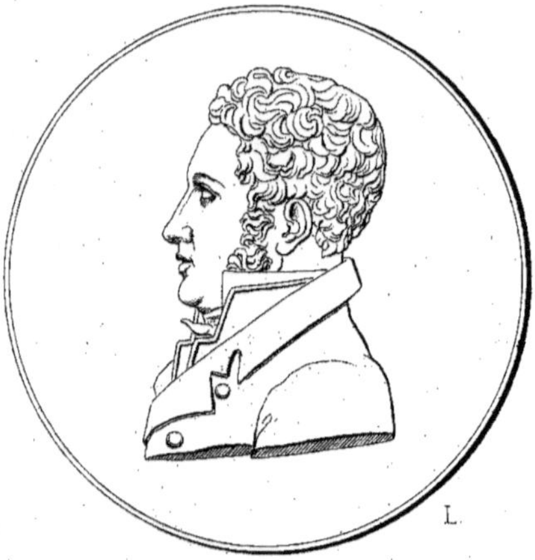

L.

VOULAIRE.

A. Lamotte. sc.

XXXIV.

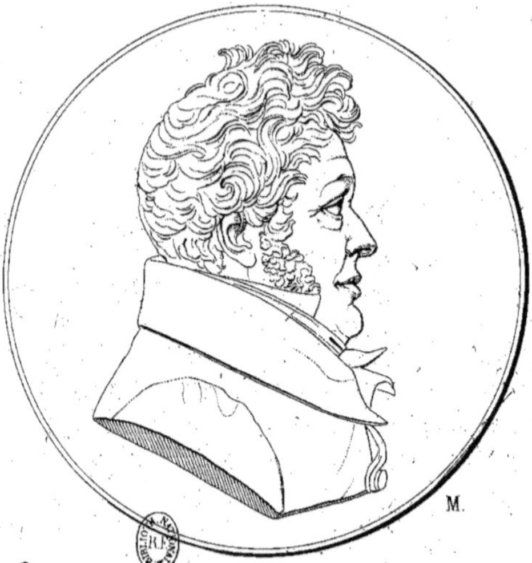

E. G.r 1830. RAINBACH. *A. Lamotte sc.*

www.ingramcontent.com/pod-product-compliance
Lightning Source LLC
Chambersburg PA
CBHW070308230526
45470CB00002B/776
* 9 7 8 2 0 1 3 5 3 6 2 7 1 *